Una millennial
QUE ENCONTRÓ SU PROPÓSITO
SIN AYUDA DEL

GPS

MA. FERNANDA G.G.

• DESCUBRE TU FUERZA •
INTERIOR Y ALCANZA
EL EMPODERAMIENTO SIENDO
AUTÉNTICO

Una millennial que encontró su propósito sin ayuda del GPS

Descubre tu fuerza interior y alcanza el empoderamiento siendo auténtico

© 2023 Ma. Fernanda G.G.

ISBN: 9798398343656

Corrección y edición

Anahí Cuadros Rozas (Publica Independiente)

Maquetación digital e impresa

Anahí Cuadros Rozas (Publica Independiente)

Diseño de portada digital e impresa

Bryan Medina & Publica Independiente

Email

guadarramafer704@gmail.com

Teléfono

+1 (956) 619-3602

A mis seres queridos:

Hoy quiero dedicar este libro a cuatro personas muy especiales en mi vida, para expresarles cuánto han contribuido en mi camino de autorrealización.

A mi madre, quien me ha provisto de los recursos necesarios para que pueda enfocarme en ser una mejor persona y desarrollarme como profesional, independientemente de la decisión que haya tomado en la vida. También quiero decirle que la admiro por mantener durante treinta años la figura de mujer fuerte e independiente, lo cual en nuestros días no es sencillo de conseguir.

A mi abuela, quien me ha heredado sus genes artísticos y su pasión por la creatividad. Gracias por enseñarme a ver y sentir el mundo de una forma diferente, y por inspirarme a seguir mi pasión por la escritura.

A mi novio, quien me enseñado que el amor y el trabajo duro son suficientes para conseguir cualquier cosa que uno se proponga, y también por ser mi mayor apoyo emocional en este proceso de autodescubrimiento. Nuestras experiencias han sido las piezas que le faltaban a mi rompecabezas, sin su ejemplo, jamás habría llegado hasta este momento.

A mi padre, de quien he obtenido el coraje para decir "NO" a las cosas que no me hacen feliz, aunque el camino alternativo pueda ser incierto.

Cada uno de ustedes ha sido una pieza clave en este proceso de autodescubrimiento. Les agradezco infinitamente por su amor, apoyo y enseñanzas. Este libro es para ustedes y para todos aquellos que necesiten un poco de motivación en sus vidas.

ÍNDICE

SINOPSIS

¿Te has sentido alguna vez perdido en la vida? ¿Quieres descubrir tu propósito y vivir con más pasión y motivación, sin perder tu esencia? ¿Deseas aprender a confiar en ti mismo y a empoderarte?

Este libro, inspirador y profundamente humano, narra la historia de Fernanda; una joven millennial que, debido a ciertas circunstancias de la vida, se sentía sola, con baja autoestima, desorientada y sin un rumbo claro en la vida, a pesar de tener muchos amigos y estudiar una carrera universitaria prometedora.

Hasta que un día, tras sortear muchos desafíos y vivir experiencias transformadoras, Fernanda aprende a confiar en sí misma y descubre su verdadero propósito en la vida: la escritura terapéutica y el ayudar a otros jóvenes, como ella, a potenciar sus habilidades y desarrollar todo su potencial a través de la magia, la espiritualidad y el crecimiento personal.

A lo largo de este libro, mediante el viaje de autodescubrimiento de Fernanda, podrás identificarte y encontrar tu propósito de vida. Gracias al autoconocimiento, al valor propio y a la búsqueda de identidad, descubrirás cuál es tu misión en este mundo. Aquella que te motive a levantarte cada mañana con ilusión y ganas de hacer lo que verdaderamente te gusta.

El testimonio de Fernanda es un recordatorio de que siempre puedes encontrar tu camino en la vida, incluso cuando te sientes perdido y desalentado. Solo debes de buscar la inspiración y la motivación dentro de ti, dejándote llevar por la intuición y escuchando a tu corazón.

Fernanda tiene un sueño: ayudarte a empoderarte, generar un cambio positivo en el mundo y alcanzar, junto a ti, una vida plenamente feliz. ¿Te unes a ella en esta aventura de autoconocimiento y transformación personal? ¡Disfruta de esta historia ahora y comienza tu propio viaje de evolución personal y empoderamiento!

PRÓLOGO

Existen distintos tipos de seres humanos. Algunos luchan por lograr lo que sus corazones piden a gritos, aunque esas voces sean a veces ininteligibles, mientras que hay otros que simplemente se dejan llevar por lo que la corriente decida.

Esta última ola, la de los que siguen un curso, sorprendentemente podría estar integrada por padres, "amigos", "la pareja perfecta", los medios de comunicación y otros grupos sociales.

¿Y yo?... Yo pertenezco a los de la primera ola... Mi nombre es Fernanda, tengo 28 años, y pertenezco al signo zodiacal de Tauro. Menciono lo último, no tanto porque rija mi vida en torno a lo que el zodiaco pueda decir acerca de mí. Sino porque siempre que leía el horóscopo, observaba que la característica más distintiva y significativa que tenemos los taurinos, es la terquedad.

Nunca he llegado a comprender, la razón por la que siempre he sido juzgada por poseer ese rasgo en mi personalidad que me identifica plenamente. Como si la terquedad fuera un defecto, como si la terquedad fuera una característica de la que hay que avergonzarse, como si fuera una particularidad que tendría que dejar de lado...

Y la verdad, dejando de lado todo lo esotérico, hoy quiero defender mi postura sobre la terquedad, y considerarla una cualidad, una auténtica virtud. Una virtud que se expresa desde lo más profundo de mi alma, y de la que no me desharé jamás. Es más, le seré fiel y leal desde ayer, hoy que escribo estas palabras, y siempre que se me permita vivir, e incluso, si es posible, hasta la trascendencia de mi alma.

Este libro va dedicado a todos los tercos y tercas, así no pertenezcan al signo de Tauro.

A todos aquellos que luchan por lo que sus corazones piden a gritos, incluso cuando no saben con certeza qué es. A todos ellos, quiero brindarles mi respeto y cariño, y quiero pedirles que jamás dejen de poner atención a lo que sus corazones anhelan...

Sigan siendo esos guerreros tercos que algunos se atreven a criticar; y les recuerdo que aquellos que se atreven a mirarlos con ojos de juicio lo hacen porque jamás se han atrevido a ser lo que ustedes son, unos verdaderos valientes.

Espero que estas palabras nutran sus almas con la gasolina que ella necesita para salir adelante, como solo un terco puede hacerlo: a su manera.

CAPÍTULO 1

Alos dieciocho años fui diagnosticada con Trastorno por déficit de atención (TDA), por una "psicóloga" que, supuestamente, sabía lo que hacía. No voy a mencionar su nombre, porque no lo recuerdo, pero quiero agradecerle, por permitirme justificar durante algunos años mi falta de buenas calificaciones. En verdad, gracias.

Fue mucho más sencillo aceptar mi diagnóstico y tomar mi medicación para mantener estable mi supuesta condición, que no prestar atención ni demostrar interés en las clases. En vez de ello, ocupé mi tiempo en ir de fiesta y divertirme un montón con mis amigos de la universidad.

Sin embargo, hoy, 10 años después de su diagnóstico, quiero también decirle a esa psicóloga, que se encontraba en un gravísimo error. Jamás he padecido (TDA) o alguna condición similar. Soy un ser humano que ha desarrollado una pasión constante por aprender, que no cualquiera desarrolla, por la cual, por cierto, también he sido juzgada.

Soy una mujer que actualmente se encuentra escribiendo y publicando su primer libro, y eso, señores, no se debe a la incapacidad de poder enfocar la atención, sino todo lo contrario. Para escribir un libro se requiere concentrar mucha atención y tener disciplina. Se necesita una gran capacidad: un verdadero enfoque.

Puede que te estés preguntando: ¿Cómo pasé de ser una adolescente mal diagnosticada a darme cuenta de que no padezco ningún tipo de trastorno? Bueno, he aquí la explicación...

Antes que nada, comenzaré a hablar sobre una de las etapas más importantes en el desarrollo humano. Esta etapa en la que ni siquiera conocemos el mundo "externo". Así es, hablo de cuando estaba en el vientre de mi madre.

En mis primeros meses de vida, mi mamá decidió separarse de mi padre. Por supuesto, eso trajo consigo una gran cantidad de preguntas sin respuesta que invadieron mi atención por un largo tiempo.

Mi madre, siendo una mujer estudiosa, trabajadora y ambiciosa, en su momento, tuvo que sacrificar la cercanía que como madre tenía conmigo, para superarse como mujer. Privación y esfuerzo que ella sabe que admiro y agradezco.

Aunque, por supuesto, comprender que ese sacrificio fue lo mejor para las dos, lo pude entender veinticinco años después, luego de un sube y baja de emociones, gracias a vivir diversas experiencias, aprendizajes y retos que el karma de otras vidas me puso en el camino.

Lo que quiero decir realmente es, que la separación de mis padres, ocasiono principalmente dos cosas. La primera fue que, al pasar más tiempo a solas, pude escuchar menos lo que otros decían y más lo que mi interior pedía. Lo segundo que aprendí fue a desarrollar mi tan apreciada y valorada terquedad: la gran capacidad de ser fiel y leal a mí misma.

Al hablar de mi situación familiar, quiero aclarar que no me interesa causar ningún tipo de lástima y, mucho menos, victimizarme. Tampoco que tú lo hagas, si es que sufriste de abandono.

Creo que todos los seres humanos venimos a este planeta a experimentar ciertas situaciones que nos harán sufrir, pero no porque Dios así lo haya dispuesto, sino porque son circunstancias que necesitamos afrontar, pues traen consigo un mensaje y su respectivo aprendizaje. Pero, para que ese mensaje pueda ser comprendido, necesita primero causar dolor; porque sin dolor no hay movimiento, no hay reacción, no hay cambio. Sé que puede parecer sencillo escribirlo en palabras, pero siendo honesta, en la práctica, no es nada fácil entenderlo y llevarlo a cabo.

Incluso así, heme aquí, escribiendo acerca de una perspectiva distinta sobre las vivencias que todo ser humano debe experimentar en su camino a la autorrealización, que es el punto al que pretendo llegar.

Como referí antes, no deseo despertar en ti ninguna emoción negativa al contarte mi historia, y tampoco quiero profundizar sobre el tema del abandono. Lo que me interesa realmente es aportar soluciones y alternativas, si estás pasando por algún hecho traumático similar.

Mi verdadera intención al compartir este libro contigo es pedirte que no te dejes influenciar por los demás, que no escuches lo que te piden hacer y que elijas el camino que deseas tomar.

Mejor escucha en silencio lo que tu voz interior te tiene que decir, y sé leal a ti mismo; verás que así podrás encontrar el camino ideal para llegar hacia donde tú quieres realmente.

Ahora, quiero contarte cómo es que pasé de tener un supuesto déficit de atención, a ser una persona tan enfocada. Pues la respuesta es muy simple y se encuentra en todo lo que te acabo de decir. Pero te lo resumo de la siguiente manera: no es que realmente me costara estar enfocada, sino que el contexto me obligaba a enfocarme en lo que yo no quería.

Te pido que regreses a la línea anterior y vuelvas a leer aquellas palabras. Y por favor, cierra tus ojos, repítelas en tu interior, y reflexiona sobre lo qué te hacen sentir. ¿Te resuenan? ¿Te identificas con ellas? Si es así, por favor sigue leyendo...

La verdadera razón por la que mi atención estaba tan dispersa era que no se encontraba puesta exactamente en lo que mi corazón pedía. Mi atención estaba siendo malgastada en ser una persona que yo no quería ser. Mi terquedad se concentraba en mirar de un lado a otro, en estar distraída, no en atender lo verdaderamente importante.

¡Qué curioso! ¿No? Hubiera sido menos doloroso y agotador, comprender que la solución a mi falta de atención era sencilla, que solo se trataba de enfocar mis cualidades y habilidades en mis verdaderos talentos.

Y eso se debió, definitivamente, a la fuerza del contexto. Concepto que deseo definir antes de continuar, pues, en definitiva, lo utilizaré de diversas maneras y para aclarar ciertos puntos que, sin una explicación, serían difíciles de comprender.

El contexto, según mi definición, es el conjunto de acontecimientos que rodean una situación en particular. Estos acontecimientos pueden estar precedidos, e influenciados, en la mente y el alma de cada ser humano o grupo de personas. Y pueden estar condicionados por distintos factores como lo son: la cultura, el inconsciente colectivo, los motivadores internos, entre otros.

Ya lo dijo Wayne Dyer: «La flotación no se descubrió al contemplar el hundimiento». Para que la capacidad de enfoque pueda ser desarrollada a su máximo potencial, tiene que ver primero hacia dónde quiere dirigirse.

Tony Robbins menciona en uno de sus libros un ejemplo que a mí me fascina.

En una carretera completamente recta de Estados Unidos, que carecía de señales peatonales que el chofer del auto pudiera observar; sucedían una gran cantidad de accidentes automovilísticos.

Estos accidentes ocurrían, principalmente, porque cuando los conductores manejaban por esa ruta, alertados por el miedo, pensaban constantemente «no quiero chocar con el poste», «no voy a chocar con el poste», «no quiero quedarme dormido y chocar con el poste» ... ¿Y qué sucedía? Exactamente eso: las personas chocaban con el poste.

Esto acontecía porque la atención de aquellos automovilistas se concentraba en una sola cosa, en fijar la vista hacia el poste, lo que direccionaba sus cuerpos justo hacia él.

Lo trascendental de lo que te cuento es lo siguiente. Los autos no eran manejados en línea recta, porque las mentes de sus conductores estaban concentradas en lo que para ellos era importante. Debido a que la atención funciona exactamente de esta manera: siempre fluirá hacia aquello considerado importante, así no sea la mejor opción.

Y es que, por alguna razón, el cuerpo humano responde de manera automática a las imágenes que colocamos en nuestra mente de forma repetitiva. El sistema nervioso envía señales eléctricas que mueven el cuerpo exactamente hacia aquello en lo que concentramos nuestra atención.

CAPÍTULO 2

Cuando llegó el momento de elegir una carrera universitaria, tomé una decisión que cambiaría por completo el rumbo de mi vida. Elegí estudiar la Licenciatura en Actuaría. Seguro que muchos no tienen idea de qué trata exactamente esta carrera, imagínate yo, ¡en ese entonces tampoco lo sabía! Incluso así, decidí recorrer la senda de lo que alcancé a comprender después como Matemáticas Financieras.

Seguramente, si eres actuario, tal vez dirás que me encuentro en un grave error al llamar así a esta profesión, pero honestamente no me importa, no es a lo que me dedico; pero más te vale que tú sí lo sepas.

¿Por qué elegí estudiar esta licenciatura? Fueron motivos muy estúpidos los que consideré. Para que te des cuenta lo absurdos que fueron, a continuación, enlistaré los motivos junto a su debida justificación.

1. Por dinero:

Supuestamente, ejercer esa carrera, que en aquel momento era nueva, se remuneraba muy bien. Sin embargo, es ilógico pensar que a todos los que se desempeñen en un mismo oficio o profesión les irá de la misma manera. Es imposible. ¿No creen que, si así fuera, todos en este mundo se dedicarían a lo mismo?

Realizar la misma actividad que otros, no te puede asegurar tener una buena economía de por vida. Porque no se trata de lo que se hace, sino de quién lo hace y cómo lo hace. Pero a mí nadie me lo dijo. Al contrario, parecía que todo el mundo estaba de acuerdo con que haya elegido una carrera que, aparentemente, sería bien recompensada.

2. Por prestigio:

Persona a la que le platicaba mi decisión, persona que me reconocía y aplaudía por mi elección.

En verdad, lectores, me preocupa la facilidad con la que un grupo de personas puede aceptar una idea como verdadera, sin realizar ningún tipo de cuestionamiento, y más peligroso aún, transmitirla durante generaciones.

¿Por qué en nuestra cultura es válido decir que se tomará una decisión basada en el dinero? Todavía me pregunto: ¿Por qué ninguna persona que me conocía se percató de mis cualidades y habilidades? ¿Por qué si muchos tenían más experiencia en la vida que yo, no pudieron explicarme que mi camino, en definitiva, no se encontraba por esa ruta?

Me sigo cuestionando sobre en quién recae la responsabilidad de las decisiones importantes que toma un adolescente en su vida...

¿Cómo puede un joven de dieciocho años salir al mundo sin orientación alguna? Si toda su vida siguió órdenes y patrones establecidos. Si no conoce ni ha explotado sus talentos, competencias, aptitudes y capacidades.

¿No sería acaso la sociedad y las instituciones quienes tendrían que preparar, instruir y guiar al adolescente en su camino?

Un camino en el que se le permita conocerse como ser humano auténtico, y estudiar una carrera sobre lo que está sucediendo en nuestro mundo. Sobre los cambios de era, avances tecnológicos, formas actuales de vida e, incluso, predicciones futuras basadas en lo que nos ha enseñado la historia. Para que así ellos puedan tomar una decisión más acorde a la realidad y sobre hechos verídicos.

Por supuesto que yo, sin ser consciente de lo anterior, tomaba mis decisiones basadas en los demás, en su aprobación.

Y es que la *psyche* interpersonal funciona como un espejo: si yo veía a la gente contenta con las decisiones que tomaba, yo también me sentía contenta.

3. Por reconocimiento:

Casi lo dije todo en el punto anterior, pero no me quedaré con las ganas de reiterarlo.

¿Sabes lo que significa para un joven adolescente que no fue orientado correctamente, tomar decisiones sobre su futuro, sin haber aprendido a seguir sus instintos, su intuición, su corazón?

Eso me pasó a mí. Me dejé llevar por la corriente para complacer a los demás. Para hacerlos felices y obtener su reconocimiento, su aprobación.

Y es que vivir a través del reconocimiento de otros es sencillo, cuando no conocemos otra forma de vivir. Pues nadie nos enseña a aceptar lo que somos. Vivimos aprobándonos si otros nos aprueban previamente. Para justificar esto, te compartiré un ejemplo súper sencillo que lo dejará muy claro.

Cuando estamos en el colegio, ¿qué es lo que buscamos todo el tiempo?, ¿qué necesitamos para seguir adelante y avanzar en los cursos? Obtener la calificación aprobatoria. Buscamos constantemente ser aprobados. Es lo que nos enseñaron y necesitamos. Y si no somos aprobados, la mayoría de las veces somos juzgados, regañados, golpeados e incluso expulsados de nuestras casas.

¿Alcanzas a percibir la presión que un estudiante puede sentir si no aprueba un curso?

Si la búsqueda de aprobación ha sido instaurada en su *psyche* humana, esto alarmará y desestimará la autoestima de dicho alumno.

Por ello les sugiero a los padres que, al conversar con sus hijos acerca de sus calificaciones escolares, omitan en su vocabulario las palabras "aprobar" o "desaprobar", y las sustituyan por otras palabras que no tengan una carga emotiva tan fuerte, como podría ser el término "acreditar". Aquí dejo un poquito más de limón en la herida, para que dejen de utilizar esa palabra...

Imagínate este escenario: en el que un niño, además de necesitar la aprobación de los cursos para seguir su evolución académica, es direccionado por un profesor que fue maltratado de pequeño en casa y sufrió de acoso escolar.

Este maestro, que probablemente no eligió su carrera por vocación, seguramente tendrá traumas, miedos y frustraciones que afectarán su proceso de enseñanza. Pues, de seguro, llegará al aula recordando el pasado y lo proyectará al dictar las clases.

Ahora, supongamos que este maestro nunca recibió ayuda profesional. Es evidente que, al momento de entrar a una escuela, recordará eventos traumáticos que sacarán a la luz todos sus traumas y miedos, lo que hará que se desquite y desapruebe a los alumnos que tenga en frente, así como hicieron con él.

¿Sabes? Esto pasa. Y mucho más seguido de lo que nos imaginamos...

Podría decirte que, al menos, hay un maestro así, dañado, en cada institución mexicana que hay, y me quedaría corta.

¿Tú crees que exigirles a los niños durante veinte años de sus vidas, que se desvivan por ser aprobados por sus superiores, va a crear adultos seguros, que sepan tomar sus propias decisiones, en pro de alcanzar un verdadero bienestar integral?

En mi caso, puedo decir con certeza que no. A mí esta problemática contextual me causó mucho daño psicológico. No cometamos este error con las próximas generaciones, por favor.

4. Porque sonaba rimbombante:

¡Ah, sí! Nadie sabía en su momento lo que era la licenciatura en Actuaría. Y te puedo garantizar que a la fecha todavía no todos lo saben. Cuando yo lo decía, casi nadie lo entendía, y cuando lo explicaba, sencillo: sonaba rimbombante. A decir verdad, era muy chistoso.

5. Porque era algo nuevo:

El hecho de que casi nadie conociera esta carrera, que se había creado recientemente por la necesidad de preparar a buenos matemáticos en un área más administrativa, y no sólo para demostrar teorías basadas en la ciencia, era lo que llamaba mi atención. Algo que fue poco inteligente de mi parte.

6. Por la universidad en la que se encontraba esta licenciatura:

Elegí estudiar en el bendito Instituto Tecnológico Autónomo de México (ITAM), sólo para apalancarme del prestigio que tiene esta universidad y crearme buena fama y el reconocimiento de los demás.

Ya hablaré un poco más adelante sobre mi experiencia estudiando en esta institución.

7. Porque dudaban de mí y aquello significaba un gran reto:

Tomé una mala decisión impulsada por otra terrible motivación...

Siempre he sido una persona muy sociable e intrépida, por lo que muchas personas se formaban una idea equivocada de mí. Ellas creían que, por ser extrovertida, iba a ser una mala estudiante, pero nunca fue así.

La verdad es que, en general, la escuela siempre me ha gustado y ha sido importante para mí. He sabido disfrutar del estudio, teniendo buenas o no tan buenas calificaciones.

Y, el hecho de que algunos dudaran de que yo pudiera estudiar en una institución que demandaba tanta atención por parte de sus alumnos, me provocaba querer callarles la boca. Pero ¡ERROR! No estamos para callar bocas.

El querer alcanzar el éxito y seguir ese camino, debe ser una motivación personal. No pretendamos ser exitosos sólo para que el resto lo sepa; eso sólo alimentaría nuestro ego.

Y si estudias una carrera sólo por eso, sucederán dos cosas: no lograrás terminarla y/o no serás feliz cuando la termines.

8. Por un chico que me gustaba:

Ay, Dios. Pienso en esto y, en verdad, me avergüenzo de mí misma.

Tomar una decisión muy importante, como lo es estudiar una carrera académica que ejercerás toda tu vida, sólo porque una persona también estudia lo mismo, me parece la razón más estúpida que puede existir.

No tengo nada más que decir al respecto. Solo que, por favor, jamás lo hagas.

En verdad dudé en compartir la última razón, pero me atreví a hacerlo por ti, mi lector terco.

Tal vez creas que las razones que te compartí anteriormente no son absurdas ni completamente estúpidas. Pero créeme, ¡sí lo son! Son razones verdaderamente estúpidas.

Si algún día tengo una hija o hijo, espero que lea estas palabras: ninguno de los motivos que expuse anteriormente, es válido como para tomar una decisión tan importante.

Lamentablemente, en su momento, yo no lo supe ver. Fue una decisión equivocada la que tomé. Por eso, mientras estudiaba esa carrera, no colocaba ni una milésima parte de mi energía ni amor en ella.

Y, aunque fui convirtiéndome en una persona muy hábil en álgebra, jamás sentí realmente que quisiera dedicarme en el futuro a hacer demostraciones matemáticas.

Mientras cursaba esta carrera, hice muchas cosas desagradables, de las que no me siento para nada orgullosa, como beber demasiado alcohol, enamorarme de personas incorrectas, querer ser el centro de atención todo el tiempo, sufrir por no serlo, no tener amigos verdaderos y/o no saber notarlos en caso de que los tuviera.

Tuve baja autoestima, terribles calificaciones, dije mentiras en casa, fumé demasiado tabaco... Fui ignorada por mis profesores, no me sentía cómoda en ningún sitio, tenía una gran necesidad de ser amada, no me sentía a gusto con mi cuerpo. Aparentaba ser quien no era, incluso, mentía sobre cuál era mi ciudad de procedencia.

Y, sobre todo, lo que más lamento es haberme esforzado por ser alguien que mi alma y mi corazón nunca quisieron ser.

Toda esa falsa identidad que construí me llevó a dudar de mí. Me estaba perdiendo por mi falta de enfoque y por el afán de agradar y complacer al resto.

Créeme, yo estaba muy lejos de ser la persona que demostraba ser. Y todo se debía a que mi orientación no estaba bien encaminada. No me estaba concentrando en lo que realmente quería. Mi enfoque no estaba puesto en el lugar correcto.

No pierdas de vista este punto: mi enfoque no estaba puesto en el lugar correcto. Y continúa repitiendo y reflexionando acerca de estas palabras, analizando cualquier sensación que pueda vibrar en tu cuerpo al mencionarlas o siquiera imaginarlas.

Fracasar una y otra vez en mi intento de ser una persona que realmente no era, me llevaron incluso a acudir a terapia por primera vez, con el objetivo de comprender por qué lo hacía.

Llegué a enfermar de bulimia. Mi autoestima y salud física se deterioraron muchísimo, de un modo tristemente sorprendente. Y, por supuesto, nadie podía explicarme lo que me estaba ocurriendo, porque las personas estaban demasiado ocupadas resolviendo sus propios problemas. Situación que siempre, léeme bien, por favor. Siempre va a ser así.

Porque es responsabilidad tuya, y no de otros, descubrir tu propio camino y transitar por él con determinación. No es la responsabilidad de tus padres, tutores ni del gobierno. Es tu deber, de nadie más.

Gracias a todos los que jamás pudieron notar que no era un ser humano feliz. Debido a eso, pude estar sola y escuchar más mi interior, algo que pocos logran hacer en su vida. Pero ya hablaremos más adelante de este punto.

En ese entonces, no me daba cuenta de que en mi interior nada fluía como debía de ser. No era la chica terca que hoy escribe este libro con orgullo.

Durante esos cuatro años, me dejé dominar por el contexto y la búsqueda de aprobación. En ese período, Dios no ocupaba un lugar en mi espíritu. Mi vida solamente se regía en función a lo que los demás decidían para mi vida.

Pero ¿cómo podía sentirme mejor y liberar mi alma, si siempre tomé mis decisiones sin ninguna orientación, basadas únicamente en lo que los demás esperaban de mí?

Esto puede haberse debido a que, como estuve mucho tiempo sola, tomaba las decisiones que yo quería con total libertad, incluso yendo en contra de lo que deseaba realmente. Por eso me engañé al elegir una carrera universitaria que no tenía nada que ver con lo que mi interior pedía. ¡Oh, Dios!, qué situación tan contradictoria. Hasta escribirlo es divertido. Es como caminar por un laberinto extremadamente enredado del cual, gracias al cielo, logré salir.

Sin embargo, al final, tomé una decisión que no fue nada sencilla: dejar de estudiar en mi primera universidad. Pues lo que yo quería realmente era ayudar y motivar a otras personas a que vivan una vida plena, por medio de la escritura de este libro. Escribir e impulsar a las personas a descubrir su verdadero camino, es lo que nutre mi alma.

Ahora quiero hacer un pequeño paréntesis. Si estás estudiando una carrera universitaria, no es mi intención que corras a decirle a tus padres que quieres abandonar los estudios. No soy ese tipo de persona, al contrario. Soy una mujer apasionada y me encanta aprender. Considero que estudiar y prepararse constantemente es importante.

Volviendo al tema, quiero contarte que, como una buena terca, decidí salir triunfante de la carrera de Actuaría.

CAPÍTULO 3

Gracias al apoyo de mi madre, dejé un tiempo corto la universidad, para ingresar a una escuela y aprender habilidades lógico-matemáticas, que me permitieran nivelarme académicamente para así poder retomar mi carrera sintiéndome más preparada.

En aquel entonces tenía entre veintiún y veintidós años, ¡y recién estaba aprendiendo a sumar!

En realidad, yo quería seguir estudiando en esa escuela, a pesar de que no me iba nada bien, porque no estaba dispuesta a renunciar. Yo quería poder resolver aquellos ejercicios que mis profesores me pedían realizar. Porque no existía ninguna razón de peso para que yo no pudiera hacerlos. Para mí, mis compañeros y yo, éramos iguales.

Me negaba rotundamente a parecer una "tonta", y a verlos a ellos como unos "genios". Fue por eso que me puse en marcha y decidí hacer lo que fuera necesario para regresar a la universidad, alcanzar un buen nivel, aprobar las materias e irme de ahí con la confianza intacta.

Deseo compartirte una gran lección que aprendí en este período de tiempo en el que me encontraba nivelándome académicamente:

aprendí a ser más humilde. La virtud más importante de los apasionados por el aprendizaje, el autoconocimiento, el hambre de éxito y la felicidad, en definitiva, es la humildad.

Necesitas saber y entender que jamás lo sabrás todo, porque siempre habrá algo nuevo que puedas aprender y, por eso, debes tener siempre la mente abierta y la mejor disposición para adquirir cualquier clase de conocimiento que aporte a tu crecimiento.

Cultivar la virtud de la humildad es lo que me permitió salir de la universidad triunfante. Porque, aunque no la culminé, ya que decidí dejarla y escuchar a mi corazón, sí logré mejorar mis calificaciones y desarrollar una verdadera comprensión de qué era exactamente lo que estaba haciendo en ese sitio. Tanto a nivel teórico como a nivel emocional.

En este capítulo he abordado dos puntos importantes. El primero trató sobre la importancia de estar enfocado y de concentrar la atención en una idea de forma repetitiva, para obtener más de lo mismo.

Si analizamos bien los motivos por los que tomé la decisión de estudiar una carrera que no tenía nada que ver con mi esencia, notarás que no sumaban algo positivo a mi vida; al contrario, me restaban, desmotivaban, desalentaban.

Comparemos el ejemplo que cité acerca de los choferes y los accidentes que sucedían en la carretera, con los ocho motivos que me llevaron a estudiar Actuaría.

Si mi carrera fuera la carretera, los postes eran las razones que me mantenían en ese sitio. Y la ausencia de elementos o señales peatonales eran la falta de factores motivacionales que pudieran nutrir mi alma.

Siendo así, todo el tiempo me encontraba como los conductores, repitiendo en mi mente las siguientes ideas: «quiero dinero/no quiero chocar con el poste», «quiero reconocimiento/no quiero chocar con el poste», «no quiero ser juzgada/no quiero chocar con el poste», «quiero que me quieran, no quiero sentirme rechazada/no quiero chocar con el poste».

Espero hasta este momento haber logrado darme a entender. ¡En aquel entonces me la pasaba chocando con el poste!

Andaba de accidente en accidente, por no saber enfocar mi atención en las razones correctas, que me permitieran mantenerme bien despierta en aquella carretera.

Me pregunto: ¿En dónde se encontrarán el tipo de profesionales que enseñen a los jóvenes a mantenerse bien despiertos al momento de conducir sus vidas?

Y, en la vida cotidiana, ¿quién se está encargando de orientar con sentido a los jóvenes para que puedan tomar decisiones importantes en sus vidas? ¿Quién les podrá explicar cuál es la mejor vía, el mejor camino, que pueden tomar?

Me parece importante que ellos puedan aprender a desarrollar la creatividad, criterio, capacidad de juicio, capacidad de análisis, capacidad de autoconocimiento, inteligencia emocional, desarrollo de la intuición enfocada en la vocación...

¿Quién se está haciendo cargo de enseñarles eso? ¿En dónde están esos profesionales? ¿Cómo esperan que los jóvenes no se topen una y otra vez con el mismo poste, si desconocen lo anteriormente mencionado?

La segunda conclusión que extraigo de este capítulo es mi favorita, porque nos permite responsabilizarnos por nuestros actos.

Alguna vez leí en algún sitio que los traumas tienen fecha de caducidad. Y la verdad es que estas palabras otorgan esperanza.

Ninguno de los ocho motivos que mencioné con anterioridad, me permitieron descifrar el crucigrama de lo que realmente mi corazón necesitaba comprender. Ni el prestigio, ni el reconocimiento, ni la motivación por adquirir grandes cantidades de dinero lo hicieron; solamente la humildad me permitió pasar a la siguiente etapa.

Tomar la decisión de aprender nuevamente las cosas que había olvidado de la primaria, todo lo que no dominaba, fue lo que me permitió desbloquear el siguiente nivel. Si no somos humildes, jamás desaprenderemos aquello que estorba en nuestras mentes.

Recuerda que nuestros superiores no lo saben todo. Ellos también fueron niños. También fueron lastimados. También estuvieron mal orientados, mal encausados.

Desaprende. Elimina de tu mente la idea de que solo hay una forma de ver la vida, y ten la humildad de escuchar otros puntos de vista e, incluso, de aprender desde cero cuando sea necesario. Solamente así podrás salir adelante.

CAPÍTULO 4

Y así, una vez descifrados los trabalenguas matemáticos, una estrella más brillante que el ITAM llamó mi atención: esta vez se trataba de una empresa multinivel. Ya sé que seguramente, al leer esta palabra, te picará el cuerpo o te estará dando ñañaras, pero ¿qué te puedo decir? Esta es la historia de mi vida.

Un multinivel captó mi atención y, a partir de ahí, la fuerza del estudio constante, la pasión por el autoconocimiento y el entendimiento de la mente humana, se apoderaron de mí.

No obstante, aunque hoy en día ya no formo parte de ese modelo de negocio, quiero confesarte que fue una de las mejores experiencias que he tenido. En definitiva, aquel sistema de desarrollo personal fue una luz en mi camino, que estaba lleno de diversos postes que solamente distraían y nublaban mi atención.

Fernanda era una niña sin autoestima, que no conocía sus deseos más profundos, y se aferraba a todo lo que brillara frente a ella, así no fuera adecuado para su alma, como lo fue estudiar en el ITAM.

No obstante, gracias al poder de los libros que leyó, los seminarios y conferencias que asistió, y las conversaciones que tuvo con personas que habían desarrollado la habilidad de ser felices, Fernanda logró desactivar el tercer nivel en su camino hacia el éxito personal.

Pero no tan rápido, hablemos de la experiencia que viví transitando por el segundo nivel. Tenía veintidós años cuando fui atrapada por la luz brillante de la motivación. Mi deseo de cultivar un verdadero amor propio, desde lo más profundo de mi ser, y sentirme merecedora de todo lo que quería en la vida, me permitió vivir una vida plena; sin límites, dejando volar mi imaginación, y viviendo en un estado de visualización y gratitud infinita.

Desde ese momento pasaron a formar parte importante de mi vida la motivación, el poder de la manifestación y la abundancia. Me sentía en sintonía con Dios y todo lo relacionado al mundo espiritual, la energía positiva y las frecuencias de alta vibración. A esas alturas, ya había aprendido todo sobre el universo de la superación al leer a Deepak Chopra, Wayne Dyer y Tony Robbins. Y, aunque no lo creas, también fui criticada por ello. Pero me mantuve terca y fiel a mis creencias, seguí por ese camino...

Léeme bien, por favor, absolutamente nadie puede arrebatarte aquello que alimenta tu alma y/o que mejora tu estado de ánimo y permite tu superación personal.

Lo que sea que encienda tu alma, que despierte tu interior y lo mueva, te pertenece. Nadie te lo puede quitar. Nadie puede robar tus sueños y aquello por lo que te levantas motivado cada mañana.

Es necesario que lo entiendas, para que cuando lo vivas, no dejes que nadie aparte de ti lo único que puede salvarte y enrumbarte hacia la búsqueda de tu verdadero camino.

Además de las virtudes que había desarrollado para ese entonces, como lo fueron la terquedad y la humildad. Deseo ahora hablar de otro talento que empecé a potenciar y que siempre vivió en mí, desde que era pequeña.

Si no eres tan joven, tal vez recuerdes la película *Matilda*. Si no la conoces, por favor, te recomiendo que la veas.

El talento al que me refiero es la capacidad de hacer magia. Sí, leíste bien: MAGIA.

Por alguna razón, siempre me identifiqué con Matilda, quien era una niña que, a pesar de su soledad y las grandes diferencias que tenía con sus padres, logró ser feliz por su capacidad de poder hacer magia.

¡Así es! CREO FIRMEMENTE EN LA MAGIA y no me avergüenza decirlo. Creo completamente en ella incluso siendo una adulta madura. Me encanta pensar que los seres humanos tenemos un gran poder dentro de nosotros que, si sabemos utilizar, puede ayudarnos a conseguir lo que sea que nos propongamos.

Creer en la magia para mí no es nada raro, nada atípico ni de otro mundo. Y cada vez, la siento más real, más habituada a mi vida. Me doy cuenta de que hablo de ella con mayor naturalidad, porque cada día la vivo más.

La magia EXISTE y, quieras o no, te verás influenciado por ella, positiva o negativamente.

Seré más clara y a continuación te explicaré cuál es mi percepción de la magia, para que aprendas a utilizarla a tu favor y sepas cómo aplicarla a tu vida, para seguir trazando el camino hacia tu éxito personal.

La magia es la capacidad de manejar la energía que habita en todo el Universo y que vive en absolutamente todo lo que puedes ver, oír, sentir, y hasta en lo que no puedes percibir.

La magia está en todo. Algunos la llaman Dios, Universo, energía y, los más escépticos, la llaman ciencia.

La magia es aquello que hace que las cosas sucedan: que el sol nos brinde calor, que el fuego queme, que una herida sane, que la digestión se dé por sí sola...

También es magia la invención de la radio, la televisión, el internet, la cámara fotográfica, la reproducción musical y que todo lo anterior se encuentre en un solo dispositivo.

Es enamorarnos, odiar. Cualquier tipo de proceso mental como el memorizar, percibir o concentrar la atención en algo en particular. La creatividad que hace que se componga una canción o se escriba un libro.

La magia es que las hormigas caminen en una hilera muy bien definida, casi perfecta. Es lo que hace que un microscopio pueda percibir algo que el ojo humano no puede ver a simple vista.

Es lo que crea la vida y lo que crea la muerte.

Absolutamente todo aquello que hace que este Universo funcione de cierta manera, es MAGIA.

Si al leer estas palabras no te gustan o no empatizas con ellas, puedes cerrar este libro en este preciso momento. Pero si estas ideas resuenan contigo y te conectan emocionalmente, entonces debes aprender a utilizar la magia a tu favor. De lo contrario, corres el riesgo de avanzar hacia un camino incierto y terminar en un lugar que no sea de tu agrado.

Un excelente ejemplo para representar lo anterior es el caso de las personas iracundas. ¿Has notado personas a tu alrededor que se enojan con mucha facilidad y constantemente? Puedo asegurarte de que estas personas no planificaron bien sus vidas, se sienten incómodas con ellas y no hacen otra cosa más que proyectar su ira acumulada en superficialidades.

Si estas mismas personas hubieran aprendido a usar la magia y la hubieran aplicado en sus vidas, seguramente éstas serían mucho más llevaderas.

Pero no es así, hoy en día todavía existe un grupo importante de personas que no sabe hacia dónde ir en la vida y prefiere dejarse sorprender por ella, aun cuando esa sorpresa, pueda no ser la más agradable de todas.

Carecer de habilidades mágicas te puede llevar a sentir insatisfacción en tu vida, lo creas o no.

Te regalo otro ejemplo. Imagina que estás en el aeropuerto y siendo atendido por la persona que vende boletos de avión. Le pides que te dé uno y que decida a dónde viajarás. Pues te digo algo, en ese instante estás cediéndole toda la magia que te pertenece a otro poder humano.

¿Qué te asegura que ese destino te vaya a gustar? Nada lo garantiza. Estás dejando en manos de otros lo que tú deberías decidir para tu vida y todo lo que podría pasar en ella.

Porque si no eres tú quien elige el destino, el viaje podría resultar incierto, atemorizante y con turbulencias.

Por ese motivo te recomendaría que, como mínimo, compres tu propio boleto de avión y elijas el rumbo al cual quieres dirigirte en la vida.

Esto me recuerda a una historia que viví hace algún tiempo. En mi afán de sorprender a mi novio, organicé un viaje sorpresa a Cancún sin que él supiera el destino. Ahora reflexiono y me doy cuenta de que cometí un error al no considerar su opinión, pero te prometo que ya me disculpé con ese ser maravilloso. Una vez dicho esto, continúo con la historia...

Imagina que salimos de Querétaro a las 5 a.m. porque el aeropuerto estaba un poco lejos, a cuarenta y cinco minutos de casa. Christian no tenía idea de nada, yo le había pedido que mantenga la vista baja, para que no pudiera ver a dónde nos dirigíamos. ¡Qué tortuosa debió de ser esa situación para él!

Con esa sensación de incertidumbre, tuvimos que esperar dos horas adicionales para que despegara el primer avión que nos llevaría en un vuelo de una hora a la Ciudad de México.

Mi novió vivió un despegue y un aterrizaje con los ojos vendados y oídos tapados, sin saber si el destino le gustaría y valdría la pena.

Y la historia no terminó ahí... Nuevamente, tuvimos que esperar un vuelo de conexión a Cancún por otras dos horas más.

Cambio de temperatura, cambio de altitud, otro despegue y otro aterrizaje que nadie quiere vivir, sin saber si el destino le va a gustar o si va a valer la pena.

Ya te imaginarás el desenlace... Por supuesto, el hombre llegó mareado, vomitado y avergonzado por todo lo que había pasado. Sin muchas ganas de celebrar, aunque había sido llevado a la ciudad de sus sueños. Claro que al final se puso muy contento. ¡Qué gran aventura vivimos!

Tomemos en cuenta que, en esta historia, al menos uno de los dos sabía a dónde nos dirigíamos. Además, mi novio había mencionado anteriormente que Cancún era un destino que ansiaba visitar.

Ahora, imagina que tú estás en su posición y no sabes cuál es el destino al que irás ni cómo te sentirás al finalizar el viaje. ¿Crees que disfrutarías del trayecto? De seguro que no, ¿verdad?

Por eso, mi consejo al respecto es: no te dejes llevar por lo que otros decidan por ti. Porque si escogen tu próximo destino, desde luego, te sentirás cansado, frustrado y de muy mal humor a lo largo del camino.

Noticia de última hora: ¡tu destino está en tus manos! Se encuentra completamente en tus manos. Para alcanzarlo, solo debes utilizar tu gran capacidad para desarrollar habilidades mágicas y creativas. Todo depende de ti.

El desarrollo de tus habilidades mágicas requiere de un estudio verdaderamente profundo y detallado, acerca de todo lo que compone tu *psyche*. Este estudio deberá ser realizado a plena consciencia y, probablemente, te tome algo de tiempo llevarlo a cabo.

Sin embargo, te tengo que dar una mala noticia: puede que nunca logres conocer de lleno todo lo que habita en tu interior. Pero, todo lo que logres entender, será exactamente lo que necesitas saber para conseguir lo que sea que te propongas.

He llegado por fin al meollo del asunto... Será en este apartado donde responderé a la primera duda que sembré en ti desde un principio, y que todavía no he contestado...

Te contaré cómo es que pasé de ser una chica diagnosticada con déficit de atención, a ser una chica que logró concluir una carrera, amar su profesión, tener una relación hermosa y ser la escritora de este libro. ¿Qué truco de magia crees que habré utilizado?...

La base para crear magia en tu vida es: proponerte crearla. No esperar a estar de buen humor o a tener disponibilidad de tiempo para empezar a trabajar en ella. Debes tener un alto grado de compromiso, que nazca desde lo más profundo de tu alma, y que dure toda la vida.

A continuación, te compartiré tres pasos, que te permitirán alcanzar tus propósitos:

1. *Sé humilde:* ten la modestia y mejor disposición para aprender todo lo que sea necesario.

2. *Cree en la magia:* para ser capaz de desarrollar habilidades transformadoras en tu vida.

3. *Sé terco y propóntelo:* para generar un compromiso que surja desde lo más profundo de tu alma.

Ninguno de los tres pasos anteriormente enlistados es sencillo de poner en práctica. No obstante, considero que tomarlos en cuenta, en definitiva, te pueden ayudar a convertirte en una persona extraordinaria y orgullosa de sí misma.

Ahora deseo con todo mi corazón que para estas alturas ya te hayas propuesto alcanzar el éxito, que es el paso número 3. Pues, esa sería la razón que te habría llevado a tener este libro entre tus manos.

En cuanto a la creación de la magia, mencionada en el punto número 2, todavía no logró comprender el motivo por el que alguna persona no querría crear magia en su vida.

Por eso, llena mi ser de plena felicidad que hayas llegado hasta acá. Eso significa que tienes toda la intención de creer en la magia y que deseas que forme parte de tu vida.

La intención es una bella palabra que Wayne Dyer ha utilizado para describir al siguiente propósito. Se trata de un concepto que consiste en lograr que haya una conexión entre lo que uno se propone y lo que hace para lograrlo, por medio de la magia. El fin es: "hacer que suceda".

¿Has leído algo sobre la *Ley de la Atracción*? ¿Has intentado ponerla en práctica? ¿Te ha funcionado? ¿O no te suena para nada?...

En cualquier caso, sabes que este Universo se rige por medio de leyes, ¿no es así? Bien, la *Ley de la Atracción* también es una ley.

Esta ley nos dice que atraerás hacia ti aquello que deseas con la suficiente fuerza.

Los que la estudian aseguran que, al repetir una y otra vez aquello que deseas, lo manifiestas y atraes. Es así como la magia surte efecto.

Ahora, dime algo: ¿cuántas veces has intentado hacerlo y no te ha funcionado? Seguramente, muchísimas veces.

Tal vez te hayas levantado temprano en muchas ocasiones a escribir tus deseos, y has esperado todo el día a que se cumplan, pero ha sido en vano. La magia no ha ocurrido. ¿Por qué habrá sido?...

¡Ha llegado la hora de que sepas por qué tus peticiones no se han concretado! Descubrirás la verdadera razón por la que la magia no ha acontecido en tu vida, así creas en ella y en su poder.

¿Estás listo para la gran revelación? Quiero que grites a todo pulmón y con toda la fuerza de tu corazón: «sí».

Aquí va la explicación...

CAPÍTULO 5

La *Ley de la Atracción* no puede ser manejada a tu antojo, pues es una ley, y se cumple sólo cuando pones a tu ser entero en un estado que le pertenece a otra ley que no todos conocen: *La Ley de la Vibración*.

¿Y qué es la *Ley de la Vibración*? Te será más sencillo comprenderlo con la siguiente comparación:

¿Te ha pasado que cuando te levantas de buen humor te suelen pasar cosas buenas durante el día? ¿Y que cuando te levantas de mal humor te suceden cosas negativas?

El estado vibratorio entonces es, justamente, esa sensación que recorre cada espacio de tu cuerpo, conocido como "estado de ánimo".

Es el que hace que te encorves o endereces la espalda. Aquel que te hace hablar con seguridad o con inseguridad. Ese que hace que te quieras hacer notar o que te ocultes. El mismo que hace que grites o te sepas calmar ante una situación de molestia.

La *Ley de la Vibración* nos indica que la *Ley de la Atracción* se dará, únicamente, si la emoción de una persona se encuentra en sintonía con la emoción que representa la experiencia o el objeto.

Es decir, si te sientes feliz, atraerás todo aquello que te ponga más feliz. Y si estas molesto, atraerás situaciones que te enfaden aún más.

Pero, vayamos más despacio, porque este tema es incluso más profundo de lo que puede parecer...

Todos los cuerpos que forman parte de este Universo, desde la silla que se encuentra en la mesa de tu cocina, hasta el ser humano con el que duermes, incluso en apariencia estática, se encuentran en constante movimiento, es decir, vibran. Y, dentro de sí, se encuentran partículas que están moviéndose a cierto ritmo. A ese ritmo de movimiento se le llama frecuencia.

Tanto los seres inertes como los seres vivos están compuestos de ambas características: vibración y frecuencia.

Te expondré a continuación un ejemplo práctico al respecto:

Si una persona desea atraer abundancia a su vida y, por ejemplo, quiere conseguir un aumento mensual en su nómina, que está vibrando a cierta frecuencia, tendrá que ponerse en ese mismo estado vibratorio, para que, de esa manera, ambos puedan atraerse.

Te presentaré otro ejemplo que me permitió entender esta ley a la perfección.

Nuestra *psyche* funciona como una estación de radio. Imagina que quieres escuchar música pop en español en una estación que sólo reproduce rock en inglés de los años 80´s. Al sintonizarla, evidentemente, te quedarás esperando en vano a que pase tu música favorita.

Para poder escuchar la música que deseas, por lo tanto, tienes que sintonizar la estación de radio adecuada. Solo necesitas hacer un diminuto cambio de emisora, para estar en sintonía con lo que gustas escuchar.

Es maravilloso darnos cuenta de que un cambio de emisora puede generar también un cambio en nuestro estado de ánimo y frecuencia vibratoria, ¿cierto?

¿Te queda ahora más claro el concepto? Espero que sí. Ya lo dijo Wayne Dyer: «La abundancia se sintoniza».

Es por ese motivo que, si una persona ha vivido siempre en la escasez, no ha podido prosperar. Porque no ha sabido sintonizar con la frecuencia de la abundancia.

También podemos ver casos en los que las parejas no están en la misma sintonía y por eso no se ha podido consolidar el amor en sus vidas.

Existen personas que han sufrido diversas decepciones amorosas, infidelidades y/o maltratos. Y, aunque pasa el tiempo, continúan en relaciones dañinas, repitiendo los mismos patrones una y otra vez.

De seguro, tienen cerca a personas que podrían amarlas, protegerlas y hacerlas felices, pero no las logran distinguir ni apreciar, debido a que están sintonizando en la frecuencia incorrecta.

Jamás podrían así escuchar la música que tanto aman escuchar. Porque no se puede atraer amor si no se vibra en la frecuencia del amor. No se puede atraer abundancia si no se vibra en la frecuencia de la abundancia.

En consecuencia, para que la *Ley de la Atracción* sea efectiva, tienes que manifestar aquello que deseas lograr en tu vida, y estar en sintonía con ese deseo.

Para que sepas mejor lo que significa un estado vibratorio, enseguida expondré otros casos.

¿Alguna vez has conocido a alguna persona que te parece familiar y tiene muchas cosas en común contigo? ¿Los mismos valores, principios, gustos, pasatiempos, etc.?

Eso sucede porque los seres humanos nos comunicamos de manera inconsciente por medio de la vibración. Por lo cual, podemos sentir que conocemos a una persona de toda la vida.

De la misma manera, las personas que siempre han tenido malas experiencias amorosas continúan estando en relaciones tóxicas y dañinas, pues son imanes para seguir atrayéndolas.

Esto se debe a que sus mentes inconscientes ya "leyeron" lo que sus estados vibratorios desean atraer. Todavía no han aprendido a sintonizar con otras personas de un modo diferente para conseguir lo que sus mentes conscientes realmente anhelan.

Para conectar y sintonizar con la persona ideal, debemos conocer, antes que nada, cuál es el estado vibratorio en el que ella se encuentra.

A continuación, mencionaré algunos de los estados vibratorios más elevados que el ser humano puede llegar a sentir:

1. AMOR:

Es la energía más elevada que existe. Todo ser humano desea sentir amor. Podemos amar a nuestra familia, pareja, mascota...

Pero no sólo existen las emociones positivas. También se pueden experimentar sentimientos destructivos como: rencor, resentimiento, ira, entre otros.

Te mostraré un sencillo caso para que puedas percibir cómo se expresa la verdadera energía del amor.

Si tienes un perrito, llámalo. De seguro, de inmediato, se acercará a ti, te moverá la cola, se echará a tu lado para jugar contigo y te lamerá la cara. Esas serán sus maneras de demostrarte amor.

Disfrutará de tu compañía y no le importará los defectos que puedas tener. Nunca te juzgará ni esperará nada malo de ti. Sólo desea estar un rato a tu lado para gozar de tu presencia. Eso será suficiente para él.

No importará si después te vas, si desapareces por un tiempo, o si un día no le das el mismo cariño que le sueles dar. Porque tu mascota, ya tiene grabada en su *psyche* la información del amor: y le es suficiente. Y te lo demuestra cuando regresas a casa, expresándote la misma emoción que sentía antes de que te fueras.

Tu animalito no se ha molestado por tu ausencia, pues estuvo enfocado en lo suyo: comer, dormir, jugar, etc. Además, entiende que tú también tienes tus propias ocupaciones, intereses, distracciones...

Pues el amor, es parte de la energía de este universo y no es exclusivo de un solo ser en la tierra. La verdadera energía del amor es libre. Si nuestras mascotas lo entienden, también deberíamos hacerlo nosotros, ¿no?

2. LIBIDO:

Esta es otra de las energías más elevadas que pueden existir. Normalmente es conocida como energía sexual.

Te brindaré mi propia definición sobre la libido, para que entiendas mejor de qué trata. La libido se refiere a un impulso energético que surge desde lo más profundo del ser; normalmente busca conseguir un objetivo.

Es una frecuencia vibratoria. Funciona como un motor interno que la mayoría de las veces es expresada de forma sexual.

Sin embargo, la libido, no necesariamente es una pulsión sexual como muchos creen: es mucho más que eso. La sexualidad es solamente una de sus formas de expresión.

Desde niños, tenemos el instinto sexual muy arraigado a nosotros, pues, es una pulsión primitiva. Pero, conforme vamos creciendo, lo aprendemos a controlar mejor.

Hay otras formas en las que los niños expresan la libido. Lo manifiestan cuando hacen berrinches, tienen caprichos incontrolables, demuestran celos hacia sus padres, etc.

Es recomendable que los padres no permitan este tipo de manipulaciones, ya que, si no ponen límites a sus hijos, ellos podrían tener problemas interpersonales cuando sean adultos.

He aquí algunos ejemplos sobre ello:

¿Conoces o has conocido a algún adulto que sufre de "mamitis" o "papitis"? Cuando los padres engríen mucho a sus hijos, no les ponen frenos a tiempo, y les permiten hacer de todo, sin querer, perjudican sus relaciones de adultos.

Se puede apreciar cómo una libido ha sido mal manejada, cuando los niños, de adultos, buscan parejas poco saludables a nivel emocional.

También lo podemos observar cuando comparan a sus relaciones amorosas con sus padres, porque los tienen como referentes y los han idealizado de una forma desmedida.

Cuando comencé a escribir acerca de la libido, la describí como una de las energías de frecuencia más elevadas que existe.

Expresar la libido mediante las relaciones sexuales es una de las formas más básicas de su manifestación. Se podría decir que el sexo es un subnivel de la libido.

Si deseamos elevar nuestra vibración en lo que respecta a la libido, la podemos canalizar de modos más creativos, que nos permitan sentir mucho más que placer inmediato.

Todo lo que nos pueda inspirar nos ayudará a expresar la libido y nos permitirá vibrar en los niveles energéticos más elevados que puedan existir.

Podemos canalizar la libido de múltiples maneras: pintando, haciendo deporte, cocinando, viajando, etc.

Tener un orgasmo se puede asemejar a la increíble sensación que siente un músico al finalizar la composición de una melodía.

Es altamente probable que, gracias al buen manejo de tu libido, puedas lograr vivir de lo que te apasiona.

Sin embargo, no es mi intención que te abstengas de tener relaciones sexuales, sino todo lo contrario.

Mantener una relación sexual sana, basada en el amor, también te puede llevar a alcanzar los niveles más elevados de energía. Pues, en el terreno sexual, puedes conectar con tu pareja a un nivel muy íntimo y emocional. De esta manera, estarías combinando dos frecuencias vibratorias: la del amor y la sexual.

3. ORDEN Y ESTÉTICA:

¡Comprender esto es muy sencillo!

¿Puedes percibir lo que sientes al estar en una habitación sucia, desordenada y maloliente? ¿Y la sensación que tienes al estar en un dormitorio limpio, ordenado, con olor a lavanda?

De seguro, en la primera habitación te sentirás incómodo, desmotivado y sin ningún deseo de seguir permaneciendo en ese lugar. No te darán ganas de leer, ni de escribir, ni de ver alguna película.

En cambio, en una habitación ordenada y limpia, seguramente, te sentirás a gusto y con deseos de realizar todas tus actividades favoritas, ¿verdad?

A esto precisamente me refería antes. La música que reproduce una radio dependerá de la frecuencia en la que se encuentre sintonizada.

Para atraer una determinada forma de vida que nos brinde satisfacción, hay que, ante todo, vibrar con ella.

Si deseas atraer orden y estética a tu vida, puedes comenzar por organizar y embellecer tu habitación. Curioso, ¿no?

¿Recuerdas que hace unas líneas atrás te mencioné que la vibración se puede expresar en nuestro cuerpo como una emoción?

De ese mismo modo, mantener un espacio ordenado en el que pasas la mayor parte del tiempo, te puede generar también una sensación de bienestar. Lo puedes comprobar al limpiar tu habitación.

Jamás subestimes el cambio interno que te puede proporcionar tener limpio y bello tu hogar.

Por ejemplo, cuando vas a la casa de tu abuela, ¿no amas disfrutar de una deliciosa sopa caliente? ¿Te complace dormir en el sillón antiguo donde dormías de pequeño? ¿Te trae recuerdos gratos de tu infancia el olor a lavanda? De seguro responderás que sí, ¿cierto?

Todas estas sensaciones y emociones te llevarán a un estado vibratorio elevado, que te ayudarán a conectar mejor con el punto número 1: el del amor.

No olvides que los objetos también vibran, y que es muy importante que toda la atmósfera que te envuelva esté llena de energía y amor, para que te mantengas conectado a tu fuente.

A veces, deshacerse de objetos antiguos o dañados, con un gran significado emocional, no siempre es lo más adecuado, porque éstos almacenan una poderosa energía que puede ser beneficiosa para sus poseedores.

De la misma manera, la estética también se puede emplear en las personas.

Es importante que cuides tu apariencia física, no por lo que los demás puedan pensar de tu aspecto, sino por lo bien que te puedes sentir al verte bien.

Peinarte, arreglarte las uñas, maquillarte, vestirte adecuadamente, etc., hará que te encuentres en un nivel vibratorio más elevado: básicamente por la forma positiva en la que te percibirás a ti mismo.

Trata de no descuidar tu apariencia por más de un día, ya que podría afectar tu estado de ánimo y hacerte sentir deprimido, lo que te haría descender a una de las energías más bajas que existen.

Cuida tu imagen por ti y para ti. Dale vida y color a todo lo que te rodea.

Regala o vende la ropa que ya no uses. Compra ropa nueva si puedes permitírtelo. Intercambia con tus amigos prendas diferentes que te permitan ser versátil y lucir más a gusto. Descubre qué prendas expresan mejor tu personalidad.

En cuanto al espacio que te rodea, decóralo también. Incorpora un par de plantas a tu hogar para darle vida y armonía. Ten un atrapasueños en tu dormitorio, impactará positivamente en tu estado emocional, y si lo has hecho tú, ¡mucho mejor! Adquiere una nueva lavavajilla, un edredón o una vela aromática, elevarán también la vibra del lugar.

Si te gusta decorar, puedes hacerlo también, mejorará mucho tu estado de ánimo.

Así mismo, es una buena idea vender lo que ya no usas, para que puedas comprar algo nuevo.

Pero no te vayas a obsesionar con la idea de mantener la estética en tu vida a como dé lugar. No gastes todos tus ahorros en renovar tu guardarropa o en remodelar tu casa. No se trata de eso.

De lo que en realidad se trata es de poner atención a tus emociones y de jugar con ellas. Exprésalas en la decoración que elijas para tu hogar, de acuerdo con los gustos que vayas teniendo a medida que pase el tiempo.

Así que: ¡haz los cambios que sean necesarios y disfruta del proceso!

Sintonizar con la frecuencia del orden y la estética, no depende de una compra que puedas hacer, tiene que ver con tu capacidad de aprender a escuchar lo que tu cuerpo y tu ambiente están pidiendo y necesitando. Tal vez esto te quede más claro con un ejemplo personal que te compartiré...

Desde pequeña supe que limpiar mi habitación me hacía sentir muy bien: era como ir a terapia.

Siempre he creído que como tienes tu espacio tienes tu mente. Si hay desorden y suciedad en el lugar en el que estás, tu mente también estará desordenada y contaminada. Si, por el contrario, vives en un espacio limpio y ordenado, tu mente también estará disipada y despejada.

Como puedes apreciar, si un espacio mejora limpiándose o reorganizándose, la mente también puede ir purificándose y restaurándose al mismo tiempo.

Te comenté anteriormente que desde niña tuve cierto interés en el impacto que puede generar el orden y la estética de un lugar en el estado de ánimo de las personas, lo que me llevó a descubrir un libro llamado «La Magia del Orden», de la autora Marie Kondo.

En este libro de filosofía oriental, Marie habla precisamente del impacto energético que puede traer a nuestras vidas vivir en un espacio limpio y organizado de una forma en particular.

En «La Magia del Orden», además, me encontré con un dato curioso que la autora comparte. Ella señala que es importante guardar los calcetines sin enrollarlos. Es decir, no se debe de formar una pelota con ellos. Algo que, seguramente, muchos de ustedes hacen. Yo también lo hacía de esa manera, porque mi mamá y mi abuelita solían guardar los calcetines de ese modo.

Marie comenta que es importante tratar a los calcetines con amor y respeto, ya que se utilizan en los pies y soportan durante todo el día el peso de nuestro cuerpo. Además, las medias mantienen nuestros pies calientes y seguros.

Aunque no lo creas, poner en tu cajón los calcetines extendidos uno sobre el otro, sin doblarlos, cambiará tu perspectiva sobre el orden y la gratitud que debes tener por tu vestimenta.

¿Y ahora? ¡Prepárate para tener una discusión con tu madre y/o abuela acerca del motivo por el cual no deben enrollar más los calcetines! Me estoy riendo mientras escribo esto. No es verdad, no debes de pelear con nadie. Hazlo tú de esa manera y, si te preguntan el motivo, comparte esta filosofía.

4. CINÉTICA:

La cinética, según la RAE, se refiere a todo lo perteneciente y relacionado al movimiento. Además, estudia las reacciones químicas que se producen en ciertos procesos.

Según Wikipedia: «La energía cinética de un cuerpo es aquella energía que posee debido a su movimiento relativo. Se define como el trabajo necesario para acelerar un cuerpo de una masa determinada (cualquier objeto) desde el reposo hasta la velocidad indicada. Una vez conseguida esta energía durante la aceleración, el cuerpo mantiene su energía cinética salvo que cambie su velocidad. Para que el cuerpo regrese a su estado de reposo se requiere un trabajo negativo de la misma magnitud que su energía física».

Ahora expondré mi punto con respecto a la información anterior que te acabo de proporcionar.

Para ascender a un nivel vibratorio que te permita aplicar la magia en tu vida, necesitas de la cinética. Es decir, necesitas moverte, pero también saber frenar cuando sea necesario. Para lo último, como dice la ciencia, tienes que aplicar una fuerza opuesta a la que te tiene en movimiento para lograr cambiar la dirección de tu aceleración y llegar así al punto 0: al reposo total.

Tal vez en este momento te encuentres confundido y estés preguntándote por qué me complico al exponer estos últimos conceptos y terminologías. He aquí el momento de la aclaración...

Lo hago porque considero importante ser constantes en la vida, pero también es fundamental saber cuándo detenernos.

En algunos blogs deportivos podrás encontrar algunos artículos que invitan a las personas a realizar ejercicios todos los días durante cuarenta y cinco minutos, para elevar el estado vibratorio o de ánimo. Lo que puede ser positivo, si no supone un desgaste físico o emocional.

Es saludable practicar deporte de manera equilibrada, sin pretender alcanzar el mismo nivel competitivo de deportistas profesionales o compararnos con los *influencers fitness* de moda. No debemos buscar convertirnos en atletas de la noche a la mañana solo para presumirlo en *Instagram* con nuestros amigos y familiares.

Todo lo mencionado en el párrafo anterior, podría ser contraproducente para tu salud, y sólo podría ocasionarte un bloqueo mental.

Haz deporte por ti. Para mejorar tu estilo de vida y sentirte bien contigo mismo. No sigas modas o tendencias banales. No te sobre exijas, porque todo en exceso hace daño.

Hacer deporte de manera desmedida o trabajar sin descansar, lejos de hacerte bien, te hará desfallecer y no te permitirá alcanzar los resultados que esperas lograr.

Cuando te sientas cansado, abrumado o necesites un respiro: detente y para. Baja la velocidad y la aceleración, es necesario que hagas una pausa y te relajes.

Para acceder a un estado vibratorio más elevado del que te encuentras, es fundamental aplicar la cinética. Es decir, necesitas realizar un cambio de aceleración en aquello en lo que te encuentras estancado.

Estar estancado no significa necesariamente estar detenido. Puedes estar moviéndote a una velocidad muy rápida, sin poder parar, aunque tu cuerpo te esté pidiendo a gritos que lo hagas.

Por ejemplo, existen padres que trabajan todos los días para darles una mejor calidad de vida a sus hijos, y no se toman un segundo de sus vidas para sí mismos. Para escuchar y reconocer lo que sus almas, cuerpos, mentes y espíritus les están diciendo y pidiendo.

Estas personas, en definitiva, no precisan realizar doscientos millones de *burpees* para mejorar sus estados físicos. Por el contrario, lo que necesitan es parar, ya que, debido a sus altos niveles de aceleración, pueden estar sufriendo alguna enfermedad ocasionada por el estrés. Y quizá vivan preocupados, por su desmesurada necesidad de controlar todos los aspectos de sus vidas, como el laboral, profesional, financiero, etc.

Necesitan detenerse para escucharse, para escuchar a los demás. Necesitan relajarse y salir de vacaciones. Les haría bien realizar alguna actividad física de bajo impacto, como el yoga o una clase de danza rítmica, que les brinde la posibilidad de crear una mayor consciencia del sonido y, por supuesto, del aquí y ahora.

Ellos no necesitan hacer ejercicio extenuante en sus tiempos libres, lo que requieren realmente es: aprender a disfrutar de la vida de una manera menos acelerada.

Por otro lado, no intento decir que realizar ejercicios no sea beneficioso para la salud, claro que lo es, siempre y cuando cada ejercicio esté enfocado en la personalidad, necesidades y objetivos de la persona.

Por tanto, es indispensable aprender a escuchar las necesidades de nuestro cuerpo. Saber cuándo debe seguir en movimiento y cuándo es necesario detenerse, será clave para poder cambiar de frecuencia en el momento adecuado.

Ahora sí, vayamos al lado opuesto de las cosas... Si tienes una vida sedentaria, necesitas moverte.

Amas de casa, presten atención: realizar las tareas del hogar no equivale a hacer ejercicio. En mi opinión, ejercitarse implica enfocar la atención en las partes específicas del cuerpo que necesitan fortalecerse a través de movimientos constantes.

A modo de ejemplo, si vas al gimnasio y utilizas una máquina para aislar cierto músculo, tu atención se concentrará en aquel músculo específico que estás fortaleciendo. En cambio, si intentas hacer sentadillas mientras recoges la ropa que está tirada en el piso, no estarás en absoluto fortaleciendo tus piernas ni glúteos, porque tu mente estará dispersa en otras cosas, menos en esas zonas de tu cuerpo. Por lo tanto, no estarás ejercitando adecuadamente esas áreas.

No es necesario que vayas al gimnasio a levantar pesas si no tienes experiencia entrenando o si no te genera placer hacerlo. En su lugar, puedes realizar otro tipo de actividades que también aporten un bienestar físico a tu estado de salud.

Acudir a una clase de baile o de yoga puede ser una excelente opción. También salir a caminar o trotar con tu perro y aumentar gradualmente la intensidad del ejercicio puede ayudarte a mejorar tu estado físico.

Recuerda esto: no se trata de tener un cuerpo estético. Se trata de elevar tu estado vibratorio. Se trata de cambiar tu aceleración para entrar a la frecuencia del bienestar, de acuerdo con lo que tu cuerpo esté necesitando en ese momento.

Escuchar a tu cuerpo y saber qué es lo que está pidiendo, es la clave que necesitas conocer para alcanzar un nivel vibratorio mucho más elevado, que mejorará indudablemente tu estado de ánimo y te pondrá en el estado vibratorio que precisas, para ir en la dirección adecuada hacia el logro de los sueños y objetivos que pretendes alcanzar en tu vida.

5. NUTRICIÓN:

¿Cómo te alimentas? ¿Con quién sales? ¿Con quién duermes? ¿Qué ves? ¿Qué lees? ¿Qué bebes? ¿Cuánto tiempo pasas con familiares difíciles de tratar?

Estas son algunas preguntas que debes hacerte para saber si tu alimentación es adecuada.

¿Te parece extraño formularte estas interrogantes? ¿Crees que la nutrición se encuentra relacionada únicamente con aquellos alimentos de calidad que introduces en tu organismo? Pues, no es así.

Cuando se trata de nutrir el alma, el cuerpo, la mente y el espíritu para alcanzar un nivel vibratorio superior, es importante modificar tu estado emocional

Es importante prestar atención a todo lo que involucre tus cinco sentidos: la vista, el olfato, el tacto, el gusto y el oído, así como también a tu intuición, que es igual de importante.

Reitero: pon especial atención a todo aquello que traspase cada uno de tus sentidos. Notarás casi de forma inmediata cómo se altera tu estado vibratorio, ¡ya sea de forma positiva o negativa!

Comencemos a abordar el tema de la vista: ¿Qué ves en la televisión? ¿Qué observas en tu celular? ¿Qué clase de libros lees? Para empezar, ¿sueles leer?

Ver televisión ya no está muy de moda. Es más frecuente que las personas pasen el tiempo viendo *NETFLIX, HBO, PRIME, etc.* o navegando en las redes sociales.

No obstante, estos canales de entretenimiento pueden ser tan nocivos como la televisión, si no sabemos elegir sabiamente qué ver. Son un arma de doble filo.

Es importante que veas programas que nutran tu alma y espíritu, que mejoren tu estado de ánimo y se conviertan en hábitos positivos.

En cambio, si decides ver pornografía en exceso, noticias amarillistas, programas sensacionalistas, etc., que llenan tu estado de ánimo de energía negativa, entonces disminuirás de tus frecuencias vibracionales más elevadas.

A continuación, te compartiré algunos ejemplos sencillos para que puedas comprender mejor lo que estoy mencionando.

¿Cómo crees que te sentirás si ves en las noticias una nota sobre un hombre maltratando a un perro? A mí, me llena de angustia imaginarlo. Y a ti, seguramente, te haría vibrar bajo.

Por otro lado, ¿cómo te sentirías si ves a un bebé gateando al costado de un cachorrito tierno y cariñoso? Definitivamente sonreirías y vibrarías en una frecuencia elevada, lo que nutriría, transformaría y elevaría tu alma.

Ahora nos referiremos al siguiente sentido: el olfato. Los olores pueden ayudarte a despertar tu proceso creativo. Por ejemplo, mientras escribo estas líneas, a mi lado izquierdo tengo una vela con aroma a frutos rojos encendida desde hace unas horas, en otras ocasiones prendo una de vainilla. El olor a tu aroma favorito, al igual que a mí, te ayudará a estar enfocado y elevar tu espíritu.

Te sugiero, entonces, que elimines cualquier mal olor de tu casa. Puedes lavar tus cobijas, bañar a tu mascota y/o sacar la basura.

Aprende a disfrutar de las lociones y los perfumes. Cada vez que puedas, huele las flores, el olor que desprenden los árboles o el pasto. Sal al parque después de un día de lluvia: el olor a tierra mojada nutrirá tu alma y modificará tu estado vibratorio de un modo gratamente inimaginable.

En cuanto al tacto, no permitas que personas que no te agradan te toquen, solamente porque tu cultura así lo imponga. No obligues a tus hijos a besar a familiares si no quieren hacerlo. No tengas relaciones sexuales con cada persona que se te cruza en el camino.

¿Sabías que cuando mantienes relaciones sexuales, la energía de esa persona se queda adentro tuyo, y la tuya adentro de ella, por un largo tiempo? Por eso, decide bien con quien compartirás tu intimidad.

Acaricia a tu pareja, deja que te acaricie. Tengan una rutina diaria de masajes corporales, de esta forma podrán conectarse con la energía del amor, la fuerza creativa más importante de todas.

Mima a tu mascota, abrázala, arrúllala. Si duermes con ella, acaríciala al despertar, sentirás así una inmensa tranquilidad que podría hacer que tu día mejore de un modo indescriptible.

Juega con todas las texturas que puedas: las de tu ropa, zapatos, cama, almohada, etc. No menosprecies el poder que un colchón costoso puede hacer por tu sueño.

Y ahora es momento de abordar el siguiente sentido: el gusto.

¡Ten cuidado! No permitas que el placer te lleve a consumir en exceso alimentos de baja vibración.

¿Sabías que los alimentos también se pueden medir según la velocidad a la que viajan sus moléculas? Esta velocidad está directamente relacionada con el grado vibratorio o el grado de luz que aportan a tu cuerpo.

Hace unos días vi en un vídeo de *YouTube* a una chica vegetariana muy simpática que hablaba acerca de su experiencia con este tipo de alimentación, y del llamado intuitivo que tuvo para cambiar su estilo de vida.

En su canal, ella menciona que sólo consume los alimentos que su cuerpo le pide. Reconoce que lo que forma parte de su dieta nutricional se refleja notoriamente en su claridad mental y estado anímico.

Me impactó mucho descubrir en uno de sus videos que la forma en la que mueren los animales destinados al consumo humano tiene una repercusión emocional en nosotros.

¿Te has preguntado cuántos productores de carne se preocupan porque los animales mueran de una forma digna? Casi nadie, ¿verdad?

Ahora, imagina cómo ese sentimiento se queda en el animal ya muerto, empaquetado y congelado, listo para ser consumido. ¿Cómo crees que estos procesos puedan repercutir en nuestro cuerpo? Sin duda, no de una manera positiva ni saludable, ¿cierto?

Asimismo, consumir alimentos poco orgánicos, como frituras, golosinas, harinas o gaseosas, tienen un nivel vibratorio tan bajo que, si se consumen en exceso, no solo podrían afectar nuestra salud física sino también nuestro estado emocional. Ya que, como mencioné anteriormente, la energía se encuentra en absolutamente todas partes.

Todo está vivo, todo está en movimiento. La mesa en la que me encuentro escribiendo en este momento, incluso, también se encuentra con vida.

¿Sabías que los alimentos que consumes, como el café que quizá bebiste ayer o la ensalada que comiste hoy, también están vivos? Es así.

Recientemente se han realizado estudios que miden la cantidad de luz que contienen los alimentos y la cantidad que cada uno de ellos puede aportar a nuestro organismo.

Recuerda que un cuerpo con baja luz, o con una baja vibración, puede debilitar tu sistema inmunológico hasta llegar a cero Hertz, lo que equivale a la frecuencia de la muerte.

Al respecto, hace poco leí este artículo que llamó muchísimo mi atención. Aquí te comparto la cita completa:

«En 1992, Bruce Taino llevó a cabo en la Universidad Estatal de Cheny (Washington), el estudio de la frecuencia vibratoria media del cuerpo humano sano y determinó que, durante el día, esta era de 62 a 72 MHz. Averiguó, igualmente, que cuando se reduce la frecuencia vibratoria de una persona el sistema inmunológico se ve comprometido. Si la frecuencia se reduce a 58 MHz aparecen los síntomas del resfriado o la gripe, a los a 42 MHz sobreviene el cáncer y a los 25 MHz se inicia la muerte. A medida que baja el tipo de vibración, las sinapsis del cerebro se dañan. Sus conclusiones fueron contundentes, dietas grasientas y altas en hidratos de carbono matan de hambre a las células del cerebro. Los sustitutos del azúcar tales como los edulcorantes destruyen las terminaciones nerviosas».

Interesante, ¿no? Estas investigaciones fueron basadas en los estudios del Dr. Royal Raymond Rife (1888-1971).

Llegó el momento de elegir con mayor conciencia los alimentos que consumirás en tu dieta diaria. Ten presente que estos alimentos tendrán un impacto en tu estado de salud y, de forma casi inmediata, en tu estado de ánimo.

Procura consumir, o al menos complementar tu nutrición, con alimentos de mucha luz, como semillas, plantas, frutas y agua natural. De esta manera, te sentirás mucho mejor: más creativo y motivado para llevar a cabo tu magia interior. Además, estarás cuidando tu salud.

Continuemos hablando sobre el sentido del oído. ¿Has escuchado el refrán: «quien con lobos anda, a aullar se enseña»? Esta frase define perfectamente la importancia de rodearse de personas positivas y alejarse de las malas influencias.

Es sencillo entenderlo. Si te rodeas de personas criticonas, que no comunican nada positivo en sus conversaciones, créeme que no aportarán nada constructivo a tu vida. Y puede que, incluso, te contaminen con su mala energía.

Tenía un amigo que decía no tener amigos en la vida real. Para él, sus amigos eran los autores de sus libros favoritos. Aunque su comentario me pareció en ese momento un poco extremista, creo entender bien lo que quiso decir.

Debemos escoger bien a nuestro círculo más cercano. Y no permitir que nuestra familia o "amigos" nos ofendan o hagan sentir mal. Nadie debería apagar nuestra magia y arrastrarnos a su negatividad.

Sé que puede ser difícil alejarse de tus seres queridos o de tus jefes si dependes económicamente de ellos, pero es necesario. Tal vez puedas mantener una distancia prudencial. En todo caso, trata de no involucrarlos en las decisiones que vayas a tomar.

Otra forma de contrarrestar la toxicidad que emanan estas personas, y que podría afectar tu paz mental, es utilizando audífonos cuando estén cerca. Puedes escuchar algún audiolibro de autoayuda que nutra tu mente, o un canal de meditaciones para conectar con tu ser, o ver un *show* de *stand-up* que te alegre y anime. Haz lo que sea necesario. No permitas que nadie te impida encender la magia que llevas dentro o que intente apagar tu luz.

Y ahora hablaremos del que para mí es el sexto sentido, el más importante: la intuición. El más bello de todos los sentidos. El que requiere poner más habilidad y atención, ya que debemos entrenarlo como si fuera un músculo que necesita desarrollarse. La intuición siempre estará presente en nosotros, solo debemos aprender a escucharla.

En el caso de la alimentación, la intuición también cobra un papel importante. Te explicaré enseguida el motivo.

Saber alimentarnos adecuadamente es fundamental. Es importante que seamos conscientes de todo lo que ingresa en nuestro cuerpo y de cómo nos afecta. También debemos estar atentos a todo lo que nos rodea y a cómo influye en nuestro bienestar. Escuchar sabiamente lo que es bueno para nuestro organismo es la gran clave.

Sin embargo, no podemos olvidar que somos seres humanos y vivimos en un plano físico en el que podemos experimentar todo tipo de placeres.

Por ejemplo, si sigues una dieta vegetariana y un día una amiga que quieres mucho te invita a comer algo que no es vegano y te provoca probarlo, no sientas culpa al hacerlo. Consumir ese alimento no significa que dejarás de ser un ser de luz ni que te convertirás en un glotón pecador.

Disfruta de ese encuentro. Sólo necesitas saber cuándo parar. Es decir, saberte guiar por lo que tu intuición te quiere decir.

Escucha a tu cuerpo. Permite que te hable y te diga si necesita ver a alguien, tomar una copa, fumar un cigarrillo o simplemente descansar en casa. De darse el caso, tu cuerpo te avisará si te estás excediendo y te prevendrá.

Y cuando sea necesario, te dirá: «No vayas a esa fiesta». «No salgas con esa persona». «No bebas de esa copa».

Y si un día te sientes triste, tómate una pausa para evitar reducir tu nivel vibratorio todavía más. Por otro lado, si estás pasando por un buen momento, escucha lo que tu cuerpo está queriendo.

Trata de escucharlo siempre, deja que te indique qué hacer, cuándo hacerlo y cuándo no. Créeme, nunca se equivoca.

Por esa intuición que vive dentro de ti, que es guiada por la luz de tu ser supremo, y sabe de forma perfecta lo que es mejor para ti: permítete escuchar.

REAPRENDE

«Hemos sido domesticados», escribe Miguel Ruíz en su libro *Los cuatro acuerdos.* Y es verdad, es difícil crear nuevos hábitos en nuestras vidas.

Para incorporar un nuevo hábito, debemos permanecer fieles a nuestras ideas y ser terquísimos. De esta manera, podremos acceder a un nuevo código de vida: el conjunto de hábitos y creencias nuevas que permiten la transformación del individuo.

Jamás sintonizarás con las energías más elevadas si no te adecúas a la nueva identidad, que te permitirá vibrar en sintonía con el objetivo.

Propondré un concepto de física para explicarte mejor lo que significa "reaprender".

Alrededor de la Segunda Guerra Mundial, Winer y Rosen, un físico y un matemático, descubrieron la ciencia que mide la desviación de un objetivo establecido. Por medio de dicha desviación, se envía la información a un mecanismo de coordinación que corregirá el movimiento y lo mantendrá avanzando hacia su meta preestablecida. A este proceso científico se le conoce como cibernética, que usualmente era utilizado para radear misiles.

Maxwell Maltz, en su libro *Psicocibernética,* explica cómo este proceso se encuentra encerrado en nuestras mentes. Según él, los paradigmas y la cibernética funcionan de la misma manera.

Tal vez a estas alturas te sientas un poco enredado al leer todas las ideas que te he expuesto en las últimas líneas. Pierde cuidado, a continuación, explicaré todo de una manera más sencilla y práctica.

Antes de nacer y a lo largo de nuestras vidas, hemos sido domesticados. Es decir, desde la época de nuestros tatarabuelos hasta hoy, nos han trasmitido e impuesto cierto tipo de información.

Esta información que se trasmite de generación en generación suele ser difundida por la necesidad de mantener un control, por estatus, herencia cultural, etc.

A lo largo de todo este tiempo, este sistema de ideas ha sido inculcado en nuestra genética y *psyche*, y nunca se nos ha enseñado a cuestionarlo.

Esta información es difundida desde la preparatoria o universidad. Etapa en la que los profesores les piden a sus alumnos que desarrollen un pensamiento crítico respecto a los conocimientos que imparten. Sin embargo, es muy difícil que los estudiantes logren tener ese poder de análisis y discernimiento, porque se les ha impedido desarrollarse con normalidad, incluyéndome a mí.

Nuestros padres, desde muy niños, nos han prohibido muchas cosas: «No hables». «No grites». «No juegues». «No llores». «No hagas berrinches». «No discutas». «No bailes». «No te muevas». Sólo faltó que nos digan: «¡No respires!»

La sociedad en la que vivimos nos ha impuesto modelos a seguir, paradigmas, que se encuentran impregnados en cada uno de los 200 billones de células que tiene nuestro cuerpo.

Nos han querido dirigir respecto a la profesión que debemos de elegir, el pensamiento que debemos tener respecto al dinero, la gente a la que tenemos que conocer, las aventuras que debemos vivir, la familia ideal que debemos formar, los gustos y hobbies que debemos escoger, la religión que debemos seguir, etc.

Maltz compara los paradigmas con la cibernética, que ya definimos antes. Respecto a los paradigmas, son aquellas metas preestablecidas que impulsan a la *psyche* humana a tomar cualquier tipo de decisión.

Imaginemos que te gusta el arte y debes escoger qué carrera te gustaría estudiar. En definitiva, tú quisieras elegir alguna profesión relacionada con tu vocación. Pero, si el contexto en el que estás no cree que es válido dedicarse a ello, muy probablemente no cursarás esa carrera. ¿Por qué? Porque tu termostato interno, a través de la cibernética y, por medio del paradigma preestablecido, notará que se está dando una desviación y redirigirá a tu ser entero a tomar la decisión correspondiente a la meta inicial: la meta que elige el contexto para ti.

Aquí expondré otro ejemplo común que ilustra el concepto del termostato financiero. ¿Qué significa esto? ¿Estás listo para saberlo? ¡Ahora te lo cuento!...

Supongamos que eres el dueño de tu empresa o eres empleado y tu situación económica ha mejorado notablemente. Sin embargo, a pesar de tener más ingresos, no has logrado ahorrar. De hecho, estás más endeudado que antes. Qué triste, ¿no?

Te daré una noticia: no importa cuántos aumentos recibas en tu vida o en cuánto se incrementen las ventas en tu negocio. Si tu termostato financiero, lo que te enseñaron acerca del dinero, hace que gastes más.

Si derrochas tus ingresos no podrás lograr que el dinero nuevo que entre, se quede en tu vida. Porque este mecanismo notará que hay más dinero en tu cuenta bancaria, es decir, notará la desviación, la corregirá y te enviará a tu camino original, a la meta preestablecida por el contexto: a tu falta de prácticas financieras positivas.

Por otro lado, y este es el lado positivo de las cosas, si te falta dinero para conseguir tu renta o la colegiatura de tus hijos: ten fe. Ese dinero llegará a ti de todos modos, porque tu termostato sabe que es algo preestablecido, pues el contexto exige el pago de vivienda y que tus hijos vayan a la universidad, ¿no es así? Entonces tranquilo, por esta ocasión, estás a salvo.

Podrás conseguir todo aquello que desees alcanzar en tu vida, si y sólo si, se encuentra dentro de la meta preestablecida (la fuerza del contexto).

Es difícil ir a contracorriente y alejarte de lo que el contexto tiene preparado para ti: pero no es imposible.

Deseo aclarar algo antes de continuar. No estoy en contra del contexto, ni me considero una rebelde sin causa.

Pero es importante reconocer que la sociedad está en constante cambio y que lo que funciona en un momento determinado puede dejar de estar vigente en el futuro. Por lo tanto, es necesario ser consciente de estos cambios y tener la capacidad de adaptarnos a ellos.

Lo que intento ofrecerte es un mensaje de consciencia. Una invitación a despertar, a abrir los ojos y observar por tu propia cuenta qué es lo que está sucediendo a tu alrededor. Y no solamente en tu casa, también en tu colonia o escuela.

Es importante que tomes en cuenta los sucesos que ocurren en tu entorno y que te mantengas informado sobre la situación de tu país y las naciones cercanas, así como los acuerdos internacionales. Además, es importante que investigues cuáles son los nuevos avances tecnológicos y las tendencias laborales que puedan surgir en el futuro, siempre y cuando estén en línea con tus habilidades y personalidad.

Recuerda que los tiempos cambian velozmente, y lo que tus padres estudiaron en el pasado puede que ya no sean las profesiones más demandadas hoy en día.

¿Recuerdas que en las primeras páginas de este libro te mencioné que lo que más le agradezco a mis padres es que me hayan dejado sola tanto tiempo? Precisamente me refiero a lo siguiente...

Como estuve sola la mayor parte del tiempo, no tuve mucha influencia del mundo exterior, y pude así tomar mis propias decisiones.

Siempre he escuchado lo que mi corazón me decía. Justamente por eso, he podido escribir y publicar este libro.

Tu éxito jamás será el éxito de tus padres. Tú eres un ser único e inigualable, tu huella digital así lo ha demostrado. Entonces, sé fiel a tu naturaleza: y ve a encontrar tu propio camino.

MAGIA

Ha llegado por fin el momento más esperado... En breve te revelaré cómo aprendí a hacer magia, cómo logré que ella formara parte de mi vida, cómo la utilizo a mi favor y cómo me ayudó a pasar de un diagnóstico con déficit de atención a una vida de abundancia.

¡¡¡INVESTIGACIÓN Y REPETICIÓN!!!

Estas dos herramientas son las únicas que puedes utilizar para despertar la magia que se encuentra en tu interior.

Ten presente que tu magia está dormida, lleva tiempo sin ser aprovechada, y ha sido bloqueada por tu contexto.

A tu contexto no le importa que no utilices tu magia, por lo que ésta permanece en un rincón de tu alma, profundamente dormida, sin poder salir. Pero si llegaras a despertarla, tendrías el poder de dominar el mundo a tu antojo.

Es importante que practiques el estudio constante de lo que es el amor, y te formules preguntas que te ayuden a conocerlo mejor, como: ¿Cuál es mi verdadera identidad y propósito? ¿Cómo descubrir mis habilidades, virtudes, competencias y áreas de oportunidad? ¿Cómo lidiar con mis padres si no me apoyan a alcanzar mis sueños?

¿Cómo puedo manejar un conflicto de pareja? ¿Qué es la libido? ¿Cómo mejorar mi sexualidad? ¿Cómo subir la libido rápidamente? ¿Cómo canalizarla de forma creativa?

¿De qué forma es posible calmar mis demonios? ¿Cuándo es necesario calmarlos y cuándo transformarlos en arte?

¿Qué necesita mi cuerpo para estar en forma? ¿Qué tipo de ejercicios me otorgan un mejor estado de ánimo? ¿Cuántos músculos tiene mi cuerpo? ¿A cuáles les falta fuerza? ¿Cuáles son más fuertes? ¿Cómo fortalecerlos aún más? ¿Cuánta resistencia tiene mi cuerpo? ¿Cómo mejorarla? ¿Qué otras formas de ejercitarse existen?

Fíjate en tu tipo de alimentación. Averigua en qué consiste tener una alimentación saludable. Pregúntate qué alimentos y bebidas, requiere tu organismo. Pon atención a cuándo tu cuerpo te pide parar.

Descubre cómo funcionan tus sistemas internos y cómo puedes fortalecer su correcto funcionamiento. Aprende acerca de la cantidad de huesos que tienes y su ubicación en el cuerpo.

Elige sabiamente qué tipo de libros vas a leer y con qué clase de personas pasas el tiempo.

Intenta mejorar la energía que hay en tu habitación y tu hogar. Aprende a arreglar tu propio auto. Cuida de ti mismo, de tu cabello y de tu salud mental.

Procura hacer todo lo anterior sin gastar un centavo y hazlo con todo lo que verdaderamente conforma tu ser. Recuerda que eres magia, energía, creación y que con eso basta.

Si estudias y pones en práctica todo lo que te he mostrado en este libro, podrás despertar tu consciencia y lograr cumplir todos los propósitos que te propongas. Todo es posible, te lo aseguro. Tu valiosa terquedad será un motor importante que te ayudará a lograr alcanzar todos tus objetivos.

Con todo lo visto, por fin podrás reconocer aquello que siempre estuvo inmerso en tu ser, en lo más profundo de tu corazón.

Descubre tu verdadera motivación y avanza hacia la realización de tus sueños. Sin miedo, sin prisa; sin estrés. Tan solo disfrutando del proceso.

Yo deseaba algo en mi vida: quería ser feliz... En un principio no lo era. Pero, poco a poco, me planteé objetivos y me enfoqué en ellos con el fin de lograrlos.

Entre los cinco años y los veintitrés, no sabía lo que significaba ser feliz. Pero con el tiempo lo pude entender.

Aprendí a entender en qué consiste la frecuencia vibratoria de las emociones y cómo sintonizar con ella.

Gracias a la humildad y terquedad, logré educar a todo mi ser para sintonizar con la felicidad. Además, el desarrollo y la potenciación de mis habilidades mágicas me han permitido convertirme en una mujer feliz en la actualidad.

Y, aunque no siempre me encuentro contenta o de buen ánimo, debido a mi temperamento, te aseguro que no existe ninguna fuerza capaz de arrebatarme la felicidad con la que suelo estar sintonizando. Nada ni nadie puede apagar la música de mi alma.

En la actualidad, estando en el estado vibratorio más alto en el que me he encontrado, te quiero compartir estas últimas palabras:

No se trata de planear el futuro para alcanzar un propósito diferente al de los demás, cuando el único objetivo al que todos aspiramos es la libertad, la libertad de ser y hacer en este momento llamado vida. Se trata simplemente de dar un paso a la vez en el camino de lo que a uno le hace feliz y de tener la valentía para negarse a estar en dónde no se desea. Así, eventualmente, se logrará la tan ansiada consciencia de libertad, pues ya se habrá estado caminando sobre ella. Y esta, como una planta que recibe el alimento adecuado, no hará más que crecer de forma natural, y verla florecer, será tu mayor regocijo.

84817975R00046